MAUPERTUIS

VOYAGE AU FOND DE LA LAPONIE

Éditions Nielrow

Dijon

ISBN : 978-2-490446-01-8

RELATION D'UN
VOYAGE AU FOND
DE LA LAPONIE
POUR TROUVER UN ANCIEN MONUMENT

PAR

PIERRE LOUIS MOREAU DE

MAUPERTUIS

(1698 - 1759)

TABLE

AVANT-PROPOS

Pierre Moreau de Maupertuis partit en expédition au cercle pôlaire en 1736, accompagné de Clairaut et Celcius, afin d'y effectuer des vérifications sur les mesures du degré d'arc du méridien terrestre, précédemment effectuées par Godin, La Condamine, Bouguer et Jussieu en Amérique du Sud. Les vérifications portaient sur les distances et aussi sur les preuves des théories de Newton selon lesquelles la Terre était renflée à 'son équateur et aplatie à ses pôles. Ce qui fut effectivement constaté et prouvé.

C'est pendant ce voyage que Maupertuis et Celsius se rendirent dans la région de Pello afin de retrouver un ancien monument, au vrai une pierre, probablement une pierre levée, un menhir, sur laquelle figurait des inscriptions non déchiffrées.

Ce fut l'occasion pour les explorateurs de visiter le pays et pour Maupertuis surtout, d'en tirer quelques observations sur le mode de vie des Lapons.

Quant au monument, qu'ils trouvèrent, ils en firent une description qui n'a cependant pas permis de briser son secret, si secret il y avait. Les signes représentés sur la pierre rappellent bien les runes, mais c'est à-peu-près tout.

Qu'est devenu ce mégalithe ? Nous n'avons rien pu obtenir dans les années 80 des autorités finlandaises ni suédoises à ce sujet. Il semble qu'il ait disparu des mémoires. A-t-il même été répertorié par quelque organisme culturel ? Le sujet reste à développer.

Nielrow

VOYAGE EN LAPONIE

Pendant que nous étions à *Pello*, où se termine l'arc du méridien que nous avons mesuré, les Finnois et les Lapons nous parlèrent souvent d'un monument, qu'ils regardent comme la merveille de leur pays, et dans lequel ils croient qu'est renfermée la science de toutes les choses qu'ils ignorent. Ce monument devait être situé à 25 ou 30 lieues au nord, au milieu de cette vaste forêt qui sépare la mer de Botnie de l'Océan.

Pour y arriver, il fallait se faire traîner sur la neige par des rennes, dans ces périlleuses voitures qu'on appelle *pulkas*, dont j'ai donné la description dans la relation de nos observations. Quoique nous fussions au mois d'avril, il fallait risquer de se voir geler dans des déserts, où il n'y avait plus d'espérance de trouver d'asile. Tout cela devait s'entreprendre sur la foi des Lapons.

J'ai quelque honte de dire que je l'entrepris. L'inutilité d'un séjour, que nous étions forcés de prolonger dans ces pays jusqu'au temps qui permettrait notre retour ; la curiosité de pénétrer jusqu'au centre de la Laponie ; la plus légère espérance de voir le seul monument de cette espèce qui soit peut-être au monde ; enfin l'habitude où nous étions de la peine et du péril, pourront m'excuser.

Je résolus donc de partir, et j'eus l'avantage d'être accompagné de M. Celsius, qui joignait au plus grand savoir dans l'astronomie une érudition profonde des langues du nord, et qui s'était fait une étude particulière des inscriptions runiques, avec lesquelles nous croyions que celle dont on nous parlait pourrait avoir quelque rapport.

On sera peut-être bien aise de savoir comment on voyage dans la laponie. Dès le commencement de l'hiver on marque avec des branches de sapin les chemins qui doivent conduire aux lieux fréquentés. A peine les traîneaux et les pulkas ont foulé la première neige qui couvre ces chemins, et ont commencé à les creuser, que de nouvelle neige, que le vent répand de tous côtés, les relève, et les tient de niveau avec le reste de la campagne, ou du lac, ou du fleuve. Les nouvelles voitures qui passent refoulent de nouveau cette neige, que d'autre neige vient bientôt recouvrir ; et ces chemins, alternativement creusés par les voitures, et recouverts par le vent, qui met partout la neige de niveau, quoiqu'ils ne paraissent pas plus élevés que le reste du terrain, sont cependant des espèces de chaussées, ou de ponts formés de neige foulée, desquels si l'on s'égare à droite, ou à gauche, on tombe dans des abîmes de neige. On est donc fort attentif à ne pas sortir de ces chemins ; et d'ordinaire ils sont creusés vers le milieu, d'une espèce de sillon, formé par tous les pulkas qui y passent.

Mais dans le fond de la forêt, dans les lieux qui ne sont pas fréquentés, il n'y a point de tel chemin. Les Finnois et les Lapons ne se retrouvent que par quelques marques faites aux arbres. Les rennes enfoncent quelquefois jusqu'aux cornes dans la neige ; et si dans ces lieux on était pris par quelqu'un de ces orages, pendant lesquels la neige tombe dans une si grande abondance, et est jetée de tous côtés par le vent avec tant de fureur, qu'on ne peut voir à deux pas de soi, il serait impossible de reconnaître le chemin qu'on a tenu, ni celui qu'on cherche ; et l'on périrait infailliblement, surtout si, comme nous, on ne s'était pas muni de tentes pour parer une partie de l'orage. Lorsque nous fûmes en chemin, nos lapons, fort fertiles en contes merveilleux, nous firent sur cela plusieurs histoires de gens qui avaient été enlevés en l'air par ces ouragans, avec leurs pulkas et leurs rennes, et jetés, tantôt contre des rochers, tantôt au milieu des lacs.

Je partis de Pello le 11 avril 1737, et arrivai le soir à *Kengis*, qui en est éloigné de 12 ou 15 lieues de France. Je ne m'y arrêtai point, parce que je voulais approcher le plus qu'il était possible du lieu où je devais trouver des rennes qu'on devait tenir prêts ; je fis donc encore cinq lieues, et vins coucher à *Pellika* : c'est une des maisons qui forment le village de *Payala*. Dans ces contrées, les villages ne sont plus composés que de deux ou trois maisons, éloignées l'une de l'autre de quelques lieues. Je trouvai là six rennes avec leurs pulkas : mais, comme nous pouvions faire encore trois lieues en traîneaux, je gardai nos chevaux jusqu'au lendemain, pour nous mener à *Erckiheicki*, où j'envoyai les rennes m'attendre.

Dans ces malheureux climats, brûlés sans cesse pendant l'été par les rayons du soleil, qui ne se couche point ; plongés ensuite pendant l'hiver dans une nuit profonde et continuelle, on ne croirait point trouver un asile aussi agréable que celui que nous trouvâmes.

La maison de Pellika, malgré la distance où elle est du monde habité, était une des meilleures que j'aie rencontrée dans ce pays. Nous y étendîmes des peaux d'ours et de rennes, sur lesquelles nous nous préparâmes par un peu de repos à un voyage très rude pour le lendemain.

Longtemps avant le lever du soleil, je partis de Pellika le 12 avril, et arrivai bientôt à Erckiheicki, où je n'arrêtai que le temps nécessaire pour quitter nos traîneaux, et nous faire lier dans nos pulkas :

précaution sans laquelle, lorsque le renne court, on ne resterait pas longtemps dans la voiture. Mais dans le temps où nous étions, cette précaution contre la rapidité des rennes était bien inutile. Ce n'étaient plus ces cerfs indomptables, qui m'avaient, l'été passé, traîné si vite sur le fleuve, et qui m'avaient précipité du haut d'*Avasaxa*(*). Leurs cornes velues alors n'étaient plus que des os blancs et secs, qu'on aurait pris pour des côtes d'animaux morts depuis longtemps. Les os leur perçaient la peau, et ils ne paraissaient pas capables de nous traîner à cent pas.

La cause de ce changement était la différence des saisons. Quand ils me traînèrent sur Avasaxa, ils revenaient de *Norvège*, où pendant l'été ils n'ont rien à faire que paître et s'engraisser ; c'est alors que je ne conseillerai à personne de voyager en pulka. Mais dans le temps où nous étions, après tous les travaux de l'hiver, et le retour des foires de Laponie, nous n'avions à craindre des rennes que d'être laissés en chemin ; s'il est difficile d'arrêter cet animal, quand il est dans sa force, il n'est pas plus facile de le faire marcher, dans le temps de son épuisement.

Nous allions ainsi traînés à travers une forêt, où nous avions 8 ou 9 lieues à faire. Il n'y avait aucun chemin qui conduisît où nous voulions aller, ce qui augmentait beaucoup le travail des rennes. Il fallait à tous moments les laisser reposer, et leur donner de la mousse, que nous avions portée avec nous. Cette mousse est toute leur nourriture. Les Lapons la mêlent avec de la neige et de la glace, et en forment des pains fort durs, qui servent en même temps de fourrage et de boisson à ces animaux, qui les rongent avec avidité. Malgré cela, il nous fallut laisser un renne en chemin : on l'attache au pied d'un arbre, et on lui laisse quelqu'un de ces pains.

Nous étions nous-mêmes fort fatigués par l'incommodité de la posture où l'on est dans les pulkas : le seul délassement que nous eûmes pendant cet ennuyeux voyage, était de voir sur la neige les traces des différentes sortes d'animaux dont la forêt est remplie. On distingue aisément et l'on connaît chacune ; et l'on est surpris du nombre d'animaux différents qui se trouvent avoir passé, dans un fort petit espace, pendant quelques jours.

Nous trouvâmes sur notre route plusieurs pièges tendus aux hermines, et dans quelques-uns, des hermines prises. Sur un petit arbre coupé à la hauteur de la neige, les Lapons attachent horizontalement une bûche, recouverte d'une autre, qui laisse à l'hermine un petit passage, et qui est prête à tomber sur elle, et qui l'écrase, lorsqu'elle va pour manger l'appât qu'on y a mis.

C'est de cette manière qu'on prend les hermines, dont la chasse est très abondante en Laponie. Ces animaux en été sont couleur de canelle, et n'ont de blanc que le ventre et le bord des oreilles : nous en avons plusieurs fois rencontré de telles sur le bord des lacs et des fleuves, où je crois qu'elles guettent le poisson, dont elles sont fort avides : quelquefois même nous en avons trouvé qui nageaient au milieu de l'eau. En hiver elles sont toutes blanches, et c'est ainsi qu'étaient celles que nous trouvâmes prises dans ces pièges. Cependant à mon départ de *Torneà*, une hermine familière que j'avais chez moi avait déjà perdu dans quelques endroits sa blancheur ; et à mon retour, quelques jours après, je la trouvai toute grise. Il est vrai que si c'est le froid qui, par quelque cause que ce soit, les blanchit, celles qui étaient dans la campagne pouvaient être plus longtemps blanches que celles qui étaient renfermées à la maison. Peut-être aussi celles que nous trouvâmes dans ces pièges y étaient-elles prises depuis longtemps ; car, comme on peut croire, les animaux morts se conservent gelés tout l'hiver. Dans les paquets d'hermines que les Lapons vendent la peau retournée, il s'en trouve toujours plusieurs de grises, ou de tachées de gris, qu'on n'emploie point dans les fourrures.

Nous arrivâmes à une heure après midi au lac *Keyma*, situé au pied d'une petite montagne appelée

Windso. Nous y montâmes : c'était là que devait être le monument que nous cherchions ; mais il était enseveli dans la neige. Nos Lapons le cherchèrent longtemps, sans pouvoir le trouver, et je commençais à me repentir d'avoir entrepris un voyage si pénible, sur des indices si suspects, lorsqu'à force de fouiller, on découvrit ce que nous cherchions. Je fis ôter la neige, et allumer un grand feu pour fondre le reste, afin que nous pussions bien voir cette prétendue merveille.

C'est une pierre, dont une partie de forme irrégulière sort de terre de la hauteur d'un pied et demi, et a environ trois pieds de long. Une de ses faces est assez droite, et forme un plan qui n'est pas tout à fait vertical, mais qui fait un angle aigu avec le plan horizontal. Sur cette face on voit deux lignes fort droites, de traits dont la longueur est d'un peu plus d'un pouce, et qui sont taillés assez profondément dans la pierre, comme seraient des coches qu'on aurait faites dans du bois avec la hache, ou avec le ciseau, étant toutes beaucoup plus larges à la superficie, et se terminant au fond par des angles aigus.

Au bas, et hors de ces deux lignes, sont quelques caractères plus grands. Malgré toutes les marques que ces traits semblent donner d'avoir été gravés avec le fer, je n'oserais assurer qu'ils sont l'ouvrage des hommes ou le jeu de la nature.

Je laisse à ceux qui ont fait une plus grande étude des anciens monuments, ou qui seront plus hardis que moi, à décider cette question. Si la ressemblance de plusieurs de ces traits entre eux, et même de plusieurs qui se trouvent écrits tout de suite, ne paraît pas convenir à des caractères, je ne voudrait pas cependant en conclure que de tels traits ne pussent signifier quelque chose. Si l'on veut écrire en chiffres arabes un, onze, cent onze, etc., on verra combien on peut former de sens différents avec un seul caractère.

Les plus anciennes inscriptions de la Chine ne sont composées que de deux caractères ; et l'on ne peut douter que ces inscriptions ne soient l'ouvrage des hommes, et ne contiennent un sens ; quand elles ne seraient, comme on le pense avec quelque vraisemblance, qu'une arithmétique. Si l'on consulte la tradition du pays, tous les Lapons assurent que ces caractères sont une inscription fort ancienne, qui contient de grands secrets : mais quelle attention peut-on faire à ce que débitent sur des antiquités, des gens qui ne savent pas leur âge, et qui le plus souvent ne connaissent pas leur mère ?

M. *Brunnius*, leur curé, parle de ce monument dans une dissertation qu'il a fait imprimer, sur la ville de Torneà, et les pays voisins : il le regarde comme une inscription runique, et dit qu'on y voyait autrefois trois couronnes, que le temps a effacées.

Mais M. Celsius, fort savant dans la langue runique, ne put lire ces caractères, et les trouva différents de ceux de toutes les inscriptions qui substistent en Suède : et quant aux couronnes, le temps les a tellement effacées, qu'il n'en reste aucun vestige.

La pierre sur laquelle ces lignes sont gravées est composée de différentes couches ; les caractères sont écrits sur une espèces de caillou, pendant que le reste, et surtout entre les deux lignes, paraît être d'une pierre plus molle, et feuilletée.

Quoi qu'il en soit, nous copiâmes, M. Celsius et moi, séparément et avec soin, tout ce que nous pûmes discerner, tel qu'on le voit ici.

Quand ce ne serait qu'un jeu de la nature, la réputation qu'a cette pierre dans ce pays méritait que nous en donnassions la description.

Cette pierre n'a pas assurément la beauté des monuments de la Grèce et de Rome : mais si ce qu'elle contient est une inscription, cette inscription a vraisemblablement l'avantage d'être la plus ancienne de l'Univers. Le pays où elle se trouve n'est habité que par une espèce d'hommes qui vivent en bêtes dans les forêts. On ne croira guère qu'ils aient jamais eu aucun évènement mémorable à transmettre à la postérité ; ni, quand ils l'auraient eu, qu'ils en eussent connu les moyens. On ne saurait non plus supposer que ce pays, dans la position où il est, ait eu autrefois d'autres habitants plus cicilisés. L'horreur du climat, et la stérilité de la terre, l'ont destiné à ne pouvoir être la retraite que de quelques misérables, qui n'en connaissent aucune autre.

Il semble donc que notre inscription aurait dû être gravée dans des temps où ce pays se serait trouvé situé sous un autre climat ; et avant quelqu'une de ces grandes révolutions, qu'on ne saurait douter qui ne soient arrivées à la terre. La position qu'a aujourd'hui son axe par rapport au plan de l'écliptique, fait que la Laponie ne reçoit que très obliquement les rayons du soleil : elle est condamnée par là à un hiver long, et funeste aux hommes, et à toutes les productions de la nature ; sa terre est stérile et déserte.

Mais il n'a pas fallu peut-être un grand mouvement dans les cieux pour lui causer tous ces malheurs. Ces régions ont été peut-être autrefois celles que le soleil regardait le plus favorablement ; les cercles pôlaires ont pu être ce que sont aujourd'hui les tropiques ; et la zone torride a peut-être rempli la place occupée aujourd'hui par les zones tempérées. Mais comment la situation de l'axe de la terre aurait-elle été changée ? Si l'on considère les mouvements des corps célestes, on ne voit que trop de causes capables de produire de tels changements, et de bien plus grands encore.

Si la connaissance de l'anatomie, de toutes les parties et de tous les ressorts qui font mouvoir nos corps, fait que ceux qui la possèdent s'étonnent que la machine puisse subsister si longtemps, on peut dire la même chose de l'étude de l'astronomie. La connaissance des mouvements célestes nous découvre bien des causes, qui apporteraient, non seulement à notre terre, mais au système général du monde, des changements considérables.

La variation dans l'obliquité de l'écliptique, que plusieurs astronomes croient démontrée par les observations des anciens comparées aux nôtres, pourrait seule, après de longues suites de siècles, avoir produit des changements tels que ceux dont nous parlons ; l'obliquité sous laquelle le plan de l'équateur de la terre coupe aujourd'hui le plan de l'écliptique, qui n'est que de 23° 1/2, pourrait n'être que le reste d'une obliquité plus grande, pendant laquelle les pôles se seraient trouvés dans les zones tempérées, ou dans la zone torride, et auraient vu le soleil à leur zénith.

Que ce soit de tels changements, ou des changements plus subits, qu'on suppose, il est certain qu'il y en a eu. Les empreintes de poissons, les poissons-mêmes pétrifiés, qu'on trouve dans les terres les plus éloignées de la mer, et jusque sur les sommets des montagnes, sont des preuves incontestables que ces lieux ont été autrefois bas et submergés.

L'histoire sacrée nous apprend que les eaux ont autrefois couvert les plus hautes montagnes. Il serait bien difficile de concevoir une telle inondation, sans le déplacement du centre de gravité de la terre, et de ses climats.

Si l'on ne veut point avoir recours à ces changements, on pourrait trouver l'origine de l'inscription de Windso dans quelque évènement aussi singulier que notre voyage. Une inscription qui contiendra l'histoire de l'opération que nous étions allés faire dans ces pays, sera peut-être un jour quelque chose d'aussi obscur que l'est celle-ci : et si toutes les sciences étaient perdues, qui pourrait alors découvrir, qui pourrait imaginer, qu'un tel monument fût l'ouvrage des Français ; et que ce qu'on y verrait gravé fût la mesure des degrés de la terre, et la détermination de sa figure ?

J'abandonne mes réflexions, et le monument, aux conjectures qu'on voudra faire, et je reprends le fil de mon voyage. Après que nous eûmes copié ce que nous trouvâmes sur la pierre, nous nous embarquâmes dans nos pulkas, pour retourner à Erckiheicki. Cette marche fut encore plus ennuyeuse qu'elle n'avait été le matin : la posture dans les pulkas est si incommode, qu'au bout de quelques heures on croit avoir le corps brisé : cependant nous y avions été continuellement, depuis quatre heures du matin jusqu'à une heure après midi. Le retour fut encore plus long : nos rennes s'arrêtaient à tous moments ; la mousse que nous avions portée avait été toute mangée, et il fallait leur en chercher. Lorsque la neige est en poussière, comme elle est jusqu'au printemps, quoiqu'elle couvre partout la terre jusqu'à de grandes profondeurs, un renne dans un moment avec ses pieds s'y creuse une écurie, et balayant la neige de tous côtés, découvre la mousse qui est cachée au fond. On prétend que cet animal a un instinct particulier pour trouver cette mousse couverte de tant de neige, et qu'il ne se trompe jamais, lorsqu'il fait son trou : mais l'état où était alors la superficie de la neige m'empêcha d'éprouver si ce qu'on dit sur cela est faux. Dès que cette superficie a été frappée des rayons d'un soleil assez chaud pour en fondre et unir les parties, la gelée qui reprend aussitôt la durcit, et en forme une croûte qui porte les hommes, les rennes, et même les chevaux. Quand une fois cette croûte couvre la neige, les rennes ne peuvent plus la creuser pour aller chercher dessous leur nourriture ; il faut que les Lapons la leur brisent : et c'est là toute la récompense des services que ces animaux leur rendent.

Les rennes méritent que nous en disions ici quelque chose. Ce sont des espèces de cerfs, dont les cornes fort rameuses jettent leurs branches en avant sur le front. Ces animaux semblent destinés par la nature à remplir tous les besoins des Lapons : ils leur servent de chevaux, de vaches et de brebis.

On attache le renne à un petit bateau, appelé pulka, pointu par devant pour fendre la neige ; et un homme, moitié assis, moitié couché dans cette voiture, peut faire la plus grande diligence, pourvu qu'il ne craigne, ni de verser, ni d'être à tous moments submergé dans la neige.

La chair des rennes est excellente à manger, fraîche, ou séchée. Le lait des femelles est un peu âcre, mais aussi gras que la crème du lait des vaches ; il se conserve longtemps gelé, et les Lapons en font des fromages, qui seraient meilleurs, s'ils étaient faits avec plus d'art et plus de propreté.

La peau des rennes fait des vêtements de toute espèce. Celle des plus jeunes, couverte d'un poil jaunâtre, un peu frisé, est une pelisse extrêmement douce, dont les Finnoises doublent leurs habits. Aux rennes d'un âge un peu plus avancé, le poil brunit ; et l'on fait alors de leurs peaux ces robes connues par toute l'Europe sous le nom de *lapmudes* : on les porte le poil en dehors, et elles font un vêtement fort léger et fort chaud. La peau du vieux renne s'apprête comme celle du cerf et du daim, et fait les plus beaux gants, les plus belles vestes, et les plus beaux ceinturons. Les Lapones filent en quelque façon les nerfs et les boyaux des rennes, en les roulant, et ne se servent guère d'autre fil. Enfin, pour que tout en soit utile, ce peuple sacrifie les cornes des rennes à ses dieux.

Etant revenus à Pellika, après beaucoup de fatigue, de froid et d'ennui, nous en repartîmes le 13 de grand matin, et arrivâmes vers les 9 heures à Kengis.

Cet endroit, quoiqu'assez misérable, est un peu plus connu que les autres, par des forges de fer qui y sont. La matière y est portée, ou plutôt traînée, pendant l'hiver, par des rennes, des mines de *Junesvando*, et de *Swappawara*. Ces forges ne travaillent qu'une petite partie de l'année, la glace ne permettant pas, l'hiver, aux roues de faire mouvoir les soufflets et les marteaux. Kengis est situé sur un bras du fleuve de Torneà, qui a devant Kengis une cataracte épouvantable, qu'aucun bateau ne peut passer. C'était le plus beau spectacle que de voir les glaçons et l'écume se précipiter avec violence, et former une cascade, dont les bords semblaient de cristal. Après avoir dîné chez le prêtre de Kengis, M. *Antilius*, nous en partîmes, et vînmes le même soir coucher à Pello, dans la maison que nous avions tant habitée, et que vraisemblablement nous revoyions pour la dernière fois.

En revenant de Kengis, nous rencontrâmes sur le fleuve plusieurs caravanes de Lapons, qui apportaient jusqu'à Pello les peaux et les poissons qu'ils avaient troqués aux foires de la haute Laponie, avec les marchands de Torneà. Ces caravanes forment de longues files de pulkas : le premier renne, qui est conduit par un Lapon à pied, traîne le premier pulka, auquel est attaché le second renne, et ainsi de suite, jusqu'à 30 et 40, qui passent tous précisément par ce petit sillon tracé dans la neige par le premier, et creusé par tous les autres.

Lorsque les rennes sont las, et que les Lapons ont choisi le lieu où ils veulent camper, ils forment un grand cercle de tous les rennes attachés à leurs pulkas. Chacun se couche dans la neige au milieu du fleuve, et leurs Lapons leur distribuent la mousse.Ceux-ci ne sont pas plus difficiles à accommoder ; plusieurs se contentaient d'allumer du feu, et de se coucher sur le fleuve, pendant que leurs femmes et leurs petits enfants tiraient des pulkas quelques poissons qui devaient faire leur souper ; quelques autres dressaient des espèces de tentes, qui sont bien des logements dignes des Lapons : ce ne sont que de misérables haillons, d'une grosse étoffe de laine, que la fumée a rendu aussi noire que si elle était teinte. Elle entoure quelques piquets, qui forment un cône, dont la pointe reste découverte, et sert de cheminée. Là les plus voluptueux, étendus sur quelques peaux de rennes et d'ours, passent leur temps à fumer du tabac, et à mépriser les occupations des autres hommes.

Ces peuples n'ont point d'autres demeures que des tentes ; tous leurs biens consistent dans leurs renne, qui ne vivent que d'une mousse qui ne se trouve pas partout. Lorsque leur troupeau en a dépouillé le sommet d'une montagne, ils sont obligés de le conduire sur quelqu'un d'autre, et de vivre ainsi toujours errant dans les déserts.

Leur forêt, affreuse en hiver, est encore moins habitable en été : une multitude innombrable de mouches de toute espèce infecte l'air ; elles poursuivent les hommes, et les sentant de très loin, forment bientôt autour de chacun qui s'arrête une atmosphère si noire qu'on ne s'y voit pas. Il faut, pour l'éviter, changer continuellement de place, et n'avoir aucun repos ; ou brûlant des arbres verts, exciter une fumée épaisse, qui n'écarte les mouches qu'en devenant aussi insupportable aux hommes qu'à elles ; enfin, on est quelquefois obligé de se couvrir la peau de la résine qui coule des sapins. Ces mouches font des piqûres cruelles, et plusieurs font plutôt de véritables plaies, dont le sang coule par grosses gouttes.

Pendant le temps de la plus grande fureur de ces insectes, qui est celui des deux mois que nous avons passés à faire nos triangles dans la forêt, les Lapons fuient avec leurs rennes vers les côtes de l'océan, où ils en sont délivrés.

Je n'ai point encore parlé de la figure ni de la taille des Lapons, sur lesquels on a débité tant de fables. On a exagéré leur petitesse, mais on ne saurait avoir exagéré leur laideur. La rigueur et la longueur d'un hiver, contre lequel ils n'ont aucune autre précaution que ces misérables tentes dont je viens de parler, sous lesquelles ils font un feu terrible, qui les brûle d'un côté pendant que l'autre côté gèle ; un court été, mais pendant lequel ils sont sans relâche brûlés des rayons du soleil ; la stérilité de la terre, qui ne produit, ni blé, ni fruits, ni légumes, paraissent avoir fait dégénérer la race humaine dans ces climats.

Quant à leur taille, ils sont plus petits que les autres hommes ; quoique leur petitesse n'aille pas au point où l'on fait aller quelques voyageurs, qui en font des pygmées. Parmi le grand nombre de

Laponnes et de Lapons que j'ai vus, je mesurai une femme qui me paraissait âgée de 25 à 30 ans, et qui allaitait un enfant qu'elle portait dans une écorce de bouleau. Elle paraissait de bonne santé, et d'une taille bien proportionnée, selon l'idée que je m'étais faite des proportions de leur taille : elle avait 4 pieds, 2 pouces, 5 lignes, de hauteur, et c'était certainement une des plus petites que j'aie vue, sans que cependant sa petitesse parût difforme ni extraordinaire dans le pays. On peut s'être trompé sur la petitesse des Lapons, et sur la grosseur de leur tête, si l'on n'a pas fait une observation que j'ai faite, malgré l'ignorance où ils sont presque tous eux-mêmes sur leur âge. Les enfants, qui, dès la grande jeunesse, ont déjà les traits défigurés, et quelquefois l'air de petits vieillards, commencent de très bonne heure à conduire les pulkas, et à s'occuper des mêmes travaux que leurs pères : je crois que la plupart des voyageurs ont jugé de la taille des Lapons, et de la grosseur de leur tête, par celle des enfants ; et c'est sur quoi j'ai souvent pensé moi-même me tromper. Ce n'est pas que je veuille nier que les Lapons adultes ne soient en général plus petits que les autres hommes, mais je crois qu'on a diminué leur taille, dans les relations qu'on en a faites, par l'erreur dont je viens de parler, ou peut-être seulement par le penchant qu'on a pour le merveilleux.

Il m'a paru qu'en général il y avait la tête entre eux et nous ; et c'est une grande différence.

Un pays tout voisin de la Laponie avait produit dans le genre opposé une véritable merveille. Le géant que nous avons vu à Paris en 1735 était né dans un village peu éloigné de Torneà. L'Académie des Sciences l'ayant fait mesurer, on trouva sa hauteur de 6 pieds, 8 poucs, 8 lignes. Ce colosse était formé d'autant de matière qu'il en faudrait pour quatre ou cinq Lapons.

Fin du voyage en Laponie.

Note (*) *Montagne où nous avons fait des observations.*

Éditions Nielrow
Dépôt légal : 4ème trimestre 2018